THE VALKYRIE

CHARACTERS
OF THE ACTION IN THREE ACTS

Siegmund   Sieglinde
Hunding   Brünnhilde
Wotan   Fricka

Gerhilde   Ortlinde   Waltraute   Schwertleite
Helmwige   Siegrune   Grimgerde
Rossweisse: Valkyries

PLACE OF THE ACTION

First Act: The interior of Hunding's dwelling
Second Act: A craggy mountainous landscape
Third Act: On the peak of a craggy mountain
("Brünnhilde's Rock")

THE VALKYRIE

LIST OF SCENES

First Act:

Second Act:

Third Act:

The present score corresponds to the original score, except for the indications marked "B," which were added by Felix Mottl and are offered for the first time in this score as the result of his conducting experience.

INSTRUMENTS OF THE ORCHESTRA

Bowed String Instruments

16 first and 16 second violins (Viol.) — 12 violas (Br.) — 12 violoncellos (Vcl.) — 8 double basses (K. B.)

Woodwind Instruments

3 flutes (Gr. Fl.) and 1 piccolo (Kl. Fl.), which in a few passages is joined by the third flute acting as second piccolo. — 3 oboes (Hob.) and 1 English horn (Engl. H.), which also participates as fourth oboe. — 3 clarinets (Klar.) and 1 bass clarinet (Basskl., Bakl.), tuned in A and B-flat. — 3 bassoons (Fag.), of which the third should be replaced by a contrabassoon in various passages in which the low ≡ is required in case the bassoon is not yet adapted to reach it.

Brass Instruments

8 horns* (Hörn., Hr.), of which four of the players at times take over the four tubas about to be described, that is: 2 tenor tubas (Ten. Tb.) in B-flat, which correspond in register to the horns in F and thus are to be taken over by the first players of the third and fourth pairs of horns, and 2 bass tubas (Bass-Tb.) in F, which correspond in register to the deep horns in B-flat and thus will be most conveniently played by the second players of the above-mentioned pairs of horns.** — 1 double-bass tuba (KB. Tb.) — 3 trumpets (Trp.) — 1 bass trumpet (Basstrp.) — 3 tenor-bass trombones (Pos.) — 1 double-bass trombone (KB. Pos.), which at times also takes over the ordinary bass trombone.

Percussion Instruments

2 pairs of kettledrums (Pk.) — 1 triangle (Trgl.) — 1 pair of cymbals (Beck.) — 1 tenor drum (Rührtrommel) — 1 glockenspiel (Glcksp.)

Plucked String Instruments

6 harps (Harfe)

---

*The individual notes marked + should always be strongly blown by the horn players as stopped tones.

**In this score, and in those that follow, the tenor tubas are notated in E-flat, the bass tubas in B-flat, because the composer considered this notation more convenient, especially for reading; however, in copying out the orchestral parts, the keys of B-flat and F indicated in the text must be retained because of the nature of the instruments and thus the notes must be transposed for these keys.

RICHARD WAGNER

Die Walküre

Complete Vocal and Orchestral Score

Dover Publications, Inc.

New York

Published in Canada by General Publishing Company, Ltd.,
30 Lesmill Road, Don Mills, Toronto, Ontario.
Published in the United Kingdom by Constable and
Company, Ltd., 10 Orange Street, London WC2H 7EG.

This Dover edition, first published in 1978, is an un-
abridged and unaltered republication of an edition origi-
nally published by C. F. Peters, Leipzig, n.d. [ca. 1910]. In
the present edition the introductory matter also appears
in a specially prepared new English translation.

International Standard Book Number: 0-486-23566-1
Library of Congress Catalog Card Number: 77-84850

Manufactured in the United States of America
Dover Publications, Inc.
180 Varick Street
New York, N.Y. 10014

TO MY ROYAL FRIEND

O King! gracious patron of my life!
Blissful treasure of the greatest kindness!
How I now struggle, at the goal of my striving,
For that word which will do justice to your graciousness!
In speech and writing how I seek it in vain!
And yet I am driven ever onward to search for it,
To find the word that will tell you the meaning
Of the gratitude I bear in my heart for you.

What you are to me I can only grasp in amazement
When I consider what I was without you.
No star shone for me which I did not see grow pale,
There was no last hope of which I was not shorn:
Abandoned to the randomness of popular favor,
To the desolate gamble of gain or risk,
All within me that fought for free artistic acts
Saw itself betrayed and doomed to vulgarity.

If he who once ordered the dry staff in his priest's hand
To be covered with fresh green leaves
Thus robbed me of all hope of salvation,
Since even the last deceptive consolation vanished,
He confirmed for me, within, the one faith,
A faith in myself that I found inside me:
And if I remained loyal to this faith,
Now he would once more adorn my dry staff.

That which, alone and silent, I nurtured within me*gtime*
Lived in the breast of another as well;
That which stirred the man's spirit with
Filled a youth's heart with sacred pl
That which propelled that heart
Toward the same goal, in
Had to pour forth like
Fresh foliage had

You are the gracious springtime that newly adorned me,
That rejuvenated the sap of my branches and boughs:
It was your call that removed me from the night
That held my strength in wintry torpor.
As your noble and beneficent greeting charmed me,
Snatching me from sorrow in a storm of bliss,
So now, proud and happy, I tread new paths
In the summer-kingdom of your favor.

Thus, how could a word possibly show you
The comprehensive meaning of what you are to me?
If I can barely consider what I am as my little own,
You, King, are in addition everything that you have:
So the ring dance of my works and deeds
Enjoys in you a gentle, contented repose:
And if you have taken all my cares from me,
I have also pleasantly lost my hope.

Thus I am poor and retain only one thing,
The faith to which your faith is wedded:
It is the power through which I appear in my pride,
It is this faith that sacredly strengthens my love.
But now that it is shared it is only half mine,
And is totally lost to me if you lack it:
Thus you alone give me the strength to thank you
Through your steadfast royal faith.

Starnberg, summer 1864   RICHARD WAGNER

Die Walküre

von

RICHARD WAGNER

PARTITUR

Eigentum des Verlegers.

10170

LEIPZIG
C. F. PETERS.

F. Baumgarten, del.

Druck v. C.G.Röder, G.m.b.H., Leipzig.

DIE WALKÜRE

PERSONEN
DER HANDLUNG IN DREI AUFZÜGEN

SIEGMUND ...	SIEGLINDE...
HUNDING.....	BRÜNNHILDE
WOTAN	FRICKA ....

GERHILDE ORTLINDE WALTRAUTE SCHWERTLEITE
HELMWIGE SIEGRUNE GRIMGERDE
ROSSWEISSE: WALKÜREN

SCHAUPLATZ DER HANDLUNG

Erster Aufzug: Das Innere der Wohnung Hundings
Zweiter Aufzug: Wildes Felsengebirg ....
Dritter Aufzug: Auf dem Gipfel eines Felsenberges
〈des »Brünnhildensteines«〉

VERZEICHNIS DER SZENEN

Die vorliegende Partitur ist der Original=Partitur ent=sprechend, nur die mit B bezeichneten Angaben sind von Felix Mottl hinzugefügt und werden als Ergebnis seiner Bühnenpraxis erstmalig in dieser Partitur geboten. ⌒

INSTRUMENTE DES ORCHESTERS

STREICHINSTRUMENTE

16 erste und 16 zweite Violinen ⟨Viol.⟩ — 12 Bratschen ⟨Br.⟩ — 12 Violoncelle ⟨Vcl.⟩ — 8 Kontrabässe ⟨K. B.⟩

HOLZBLASINSTRUMENTE

3 große Flöten ⟨Fl.⟩ und 1 kleine Flöte ⟨kl. Fl.⟩, zu welcher an einigen Stellen die 3. große Flöte als 2. kleine Flöte hinzutritt. — 3 Hoboen ⟨Hob.⟩ und 1 Englisches Horn ⟨Engl. H.⟩, welches letztere auch als 4. Hoboe mitzuwirken hat. — 3 Klarinetten ⟨Klar.⟩ und 1 Baßklarinette ⟨Baßkl.⟩ in A= und B=Stimmung. — 3 Fagotte ⟨Fag.⟩, von denen der 3. verschiedene Stellen, in denen das tiefe ≣ erfordert wird, sobald das Instrument hierfür noch nicht eingerichtet ist, durch einen Kontrafagott zu ersetzen ist.

BLECHINSTRUMENTE

8 Hörner* ⟨Hörn.⟩, von welchen 4 Bläser abwechselnd die 4 zunächst bezeichneten Tuben übernehmen, nämlich 2 Tenortuben ⟨Ten. Tb.⟩ in B, welche der Lage nach den F=Hörnern entsprechen, und demnach von den 1. Bläsern des 3. und 4. Hörnerpaares zu übernehmen sind, ferner 2 Baßtuben ⟨Baß=Tb.⟩ in F, welche der Lage der tiefen B=Hörner entsprechen, und demnach am zweckmäßigsten von den 2. Bläsern der genannten Hörnerpaare geblasen werden.** 1 Kontrabaßtuba ⟨KB. Tb.⟩ — 3 Trompeten ⟨Trp.⟩ — 1 Baßtrompete ⟨Baßtrp.⟩ — 3 Tenor=Baß=Posaunen ⟨Pos.⟩ — 1 Kontrabaßposaune ⟨KB. Pos.⟩, welche abwechselnd auch die gewöhnliche Baßposaune übernimmt.

SCHLAGINSTRUMENTE

2 Paar Pauken ⟨Pk.⟩ — 1 Triangel ⟨Trgl.⟩ — 1 Paar Becken ⟨Beck.⟩ — 1 Rührtrommel. 1 Glockenspiel ⟨Glcksp.⟩

SAITENINSTRUMENTE

6 Harfen

Die mit einem + bezeichneten einzelnen Noten sind immer von den Hornisten als gestopfte Töne stark anzublasen.

In dieser, sowie in den folgenden Partituren sind die Tenortuben in Es, die Baßtuben in B geschrieben, weil den Tonsetzer diese Schreibart, namentlich auch zum Lesen, bequemer dünkte; beim Ausschreiben der Orchesterstimmen müssen jedoch die im Texte bezeichneten Tonarten von B und F, der Natur der Instrumente wegen, beibehalten, die Noten demnach für diese Tonarten transponiert werden.

DEM
KÖNIGLICHEN FREUNDE

O, König! holder Schirmherr meines Lebens!
Du, höchster Güte wonnereicher Hort!
Wie ring ich nun, am Ziele meines Strebens,
Nach jenem Deiner Huld gerechten Wort!
In Sprach' und Schrift, wie such ich es vergebens!
Und doch zu forschen treibt mich's fort und fort,
Das Wort zu finden, das den Sinn Dir sage
Des Dankes, den ich Dir im Herzen trage.

Was Du mir bist, kann staunend ich nur fassen,
Wenn mir sich zeigt, was ohne Dich ich war.
Mir schien kein Stern, den ich nicht sah erblassen,
Kein letztes Hoffen, dessen ich nicht bar:
Auf gutes Glück der Weltgunst überlassen,
Dem wüsten Spiel auf Vorteil und Gefahr,
Was in mir rang nach freien Künstlertaten,
Sah der Gemeinheit Lose sich verraten.

Der einst mit frischem Grün sich hieß belauben
Den dürren Stab in seines Priesters Hand,
Ließ er mir jedes Heiles Hoffnung rauben,
Da auch des letzten Trostes Täuschung schwand,
Im Inn'ren stärkt' er mir den einen Glauben,
Den an mich selbst ich in mir selber fand:
Und wahrt' ich diesem Glauben meine Treue,
Nun schmückt' er mir den dürren Stab aufs neue.

Was einsam schweigend ich im Inn'ren hegte,
Das lebte noch in eines Andren Brust;
Was schmerzlich tief des Mannes Geist erregte,
Erfüllt' ein Jünglingsherz mit heil'ger Lust:
Was dies mit Lenzes-Sehnsucht hin bewegte
Zum gleichen Ziel, bewußtvoll unbewußt,
Wie Frühlingswonne mußt' es sich ergießen,
Dem Doppelglauben frisches Grün entsprießen.

Du bist der holde Lenz, der neu mich schmückte,
Der mir verjüngt der Zweig' und Äste Saft:
Es war Dein Ruf, der mich der Nacht entrückte,
Die winterlich erstarrt hielt meine Kraft.
Wie mich Dein hehrer Segensgruß entzückte,
Der wonnestürmisch mich dem Leid entra.fft,
So wandl' ich stolz beglückt nun neue Pfade
Im sommerlichen Königreich der Gnade.

Wie könnte nun ein Wort den Sinn Dir zeigen,
Der das, was Du mir bist, wohl in sich faßt?
Nenn ich kaum, was ich bin, mein dürftig Eigen,
Bist, König, Du noch alles, was Du hast:
So meiner Werke, meiner Taten Reigen,
Er ruht in Dir zu hold beglückter Rast:
Und hast Du mir die Sorge ganz genommen,
Bin hold ich um mein Hoffen auch gekommen.

So bin ich arm, und wahre nur das Eine,
Dem Glauben, Dem der Deine sich vermählt:
Er ist die Macht, durch die ich stolz erscheine,
Er ist's, der heilig meine Liebe stählt.
Doch nun, geteilt, nur halb noch ist er meine,
Und ganz verloren mir, wenn Dir er fehlt:
So gibst nur Du die Kraft mir, Dir zu danken,
Durch königlichen Glauben ohne Wanken.

Starnberg im Sommer 1864   RICHARD WAGNER

Erster Aufzug.

Vorspiel und erste Szene.

Richard Wagner.

Der Vorhang geht auf. — Das Innere eines Wohnraumes; um einen starken Eschenstamm, als Mittelpunkt, gezim-
merter Saal. Rechts im Vordergrunde der Herd; dahinter der Speicher; im Hintergrunde die große Eingangstüre:
links in der Tiefe führen Stufen zu einem inneren Gemache; daselbst im Vordergrunde ein Tisch, mit breiter Bank
an die Wand gezimmert, dahinter, hölzerne Schemel davor.

(Die Bühne bleibt eine Zeitlang leer; außen
Sturm, im Begriffe sich gänzlich zu legen.
Es ist gegen Abend.)

Siegmund öffnet (B. genau mit

(alle)

dem *fp*) von außen hastig die Eingangstüre, und tritt ein. Er hält den Riegel noch in der Hand, und überblickt den Wohn-

raum; er scheint von übermäßiger Anstrengung erschöpft; sein Gewand und Aussehen zeigen, daß er sich auf

der Flucht befinde. Da er niemand gewahrt, schließt er die Türe hinter sich, schreitet mit der äußersten Anstrengung eines Todmüden auf den Herd zu, und wirft sich dort auf eine Decke von Bärenfell nieder.

Act 1 Sc. 2

Zweite Szene.
Mäßig langsam.

(Sieglinde fährt plötzlich auf, lauscht und hört Hunding, der sein Roß außen zu Stalle führt.)

Sehr gemessen und bestimmt.

(Sie geht hastig zur Türe und öffnet.)

(Hunding, gewaffnet mit Schild und Speer, tritt ein, und hält unter der Türe, als er Siegmund gewahrt.)

(Er legt seine Waffen ab, und übergibt sie Sieglinde.)   (zu Sieglinde.)

Rüst uns Männern das

(Sieglinde hängt die Waffen an Ästen des Eschenstammes auf; dann holt sie Speise und
Trank aus dem Speicher und rüstet auf dem Tische das Nachtmahl.)

Mahl!

(Unwillkürlich heftet sie wieder den Blick
auf Siegmund.)

(Er geht in das Gemach; man hört ihn von innen den Riegel schließén.) B (bei +)

Dritte Szene.
Mäßig langsam.

(Siegmund allein. Es ist vollständig Nacht geworden; der Saal ist nur noch von einem schwachen Feuer im Herde erhellt.)

(Siegmund läßt sich nah beim Feuer, auf dem Lager nieder und brütet in großer innerer Aufregung eine Zeitlang schweigend vor sich hin.)

Wie der Schein so hehr das Herz mir sengt!

Ist es der Blick der blü- henden Frau, den dort haftend sie hin-ter sich ließ, als aus dem Saal sie

hehr-sten Helden dürft ich dich hei-ßen: dem Stärk - sten al - lein ward sie be-stimmt.

I. II. Gr. Fl. III.
I. II. Hob. III.
Engl. H.
I. II. Klar. in B. III.
Baßkl. in B.
I. II. Fag. III.
in F. Hörn. in E.
Trp. III. in C.
3 Pos.
K. B. Pos.
Pk. I. in E.
Harfe I. II. III.
Harfe IV. V. VI.
I. Viol. II.
Br.
Sl.
Vcl. u. K. B.
meno f
dim.
Sieglinde.
(fährt erschrocken zusammen und reißt sich los.)
Ha, wer ging? wer kam her-ein?
(Die Tür bleibt geöffnet: außen Frühlingsnacht; der Vollmond leuchtet herein und wirft sein helles Licht auf

Mäßig bewegt.
I. II.
Gr. Fl.
III.
pp (dolce)
pp (dolce)
Hob. I. II.
pp
Engl. H.
p (dolce)
pp
I. II.
Klar. in B.
III.
pp (dolce)
pp (dolce)
Baßkl. in B.
pp
pp
I. II.
Fag.
III.
pp
pp
I. in F.
II. in tief B.
Hörn.
III. in F.
IV. in tief B.
pp (dolce)
pp (dolce)
pp (dolce)
Harfe I.
più p
p
Harfe IV.
die IV. allein.
Harfe II.
p
Mäßig bewegt.
Viol. I. (get.)
p (mit Dämpfer)
p (mit Dämpfer)
p (mit Dämpfer)
p (mit Dämpfer)
Sm.
lacht in den Saal!
(Siegmund zieht
(mit Dämpfer.)
Vcl.
p (weich, doch ausdrucksvoll)
K. B.
pizz. p

Sieglinde mit sanfter Gewalt zu sich auf das Lager, so daß sie neben ihn zu sitzen kommt. Wachsende Hellig-

Act 1 Sc. 3

100

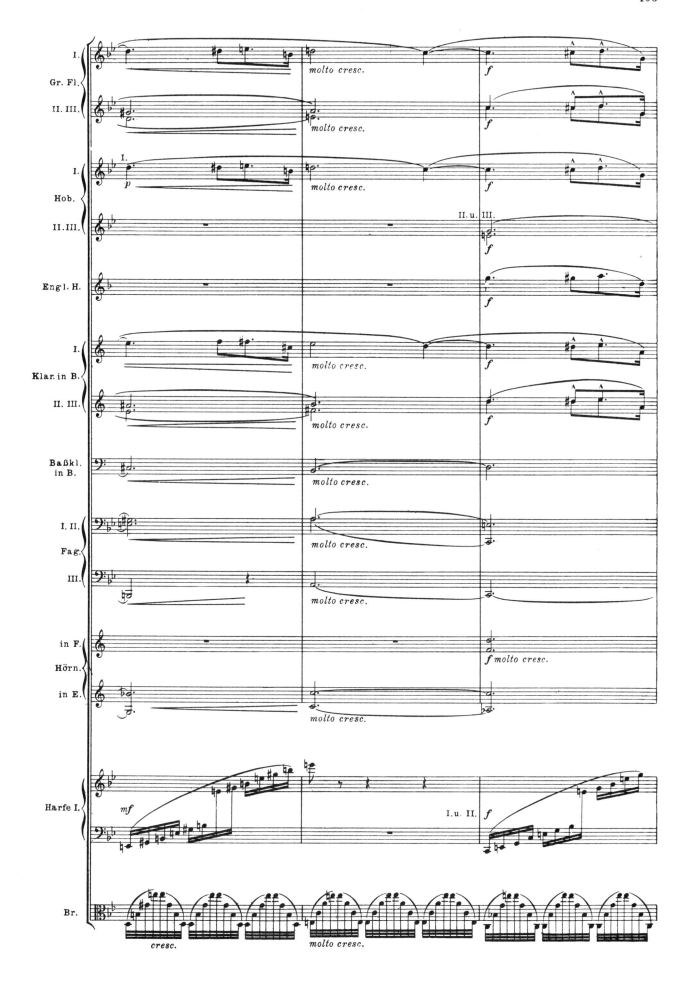

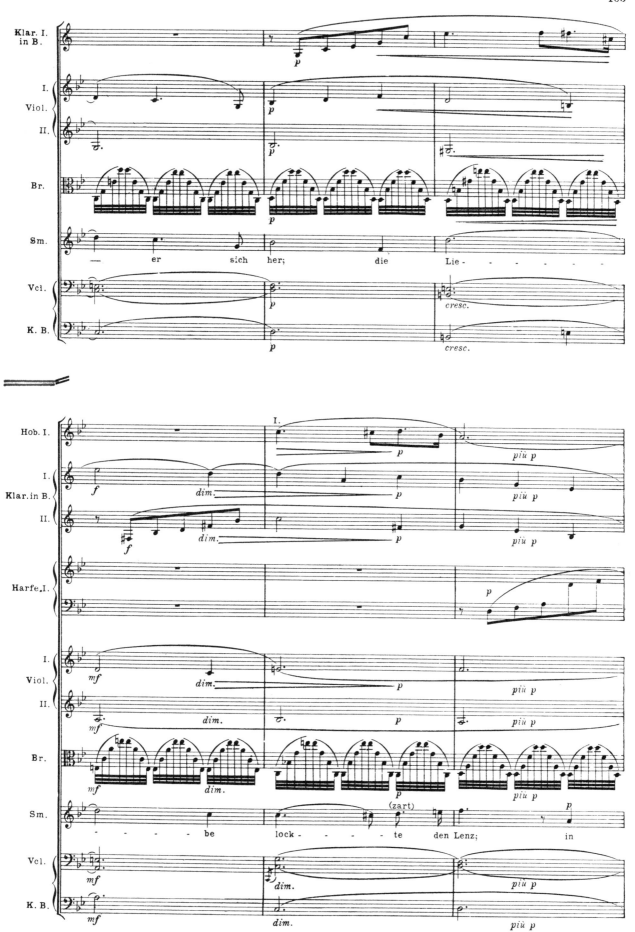

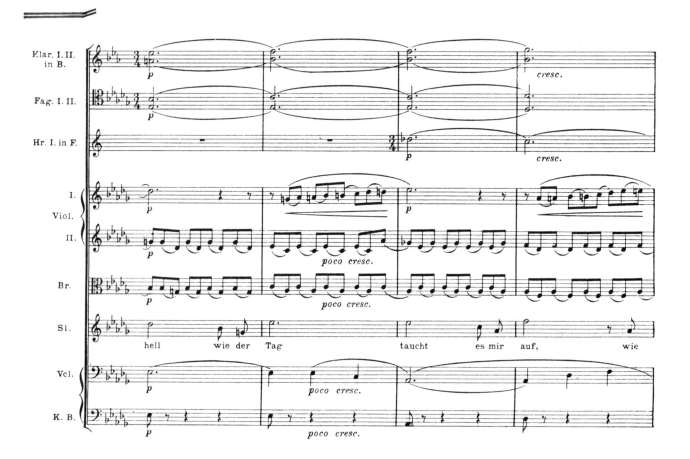

aus Aug'___ und Ant - - - litz bricht, und so süß ___ die

130

132

(Er zieht mit einem gewaltigen Zuck das Schwert aus dem Stamme, und zeigt es der von Staunen und Entzücken erfaßten Sieglinde.)

Gr. Fl. I. II. III.
Hob. I. II. III.
Klar. I. II. III. in A.
Baßkl. in A.
I. II. Fag. III.
Hörn. in E.
I. II. in E. Trp. III. in C.
Baßtrp. in D.
3. Pos.
I. Pk. II. in E.
in E
Harfe I. II. III.
Harfe IV. V. VI.
I. Viol. II.
Br.
Sm.
Siegmund.
Sieg - mund den Wäl sung siehst du
Vcl.
geteilt
K. B.
pizz.

158

Ende des I. Aufzuges.

Zweiter Aufzug.

Vorspiel und erste Szene.

Act 2 Prelude

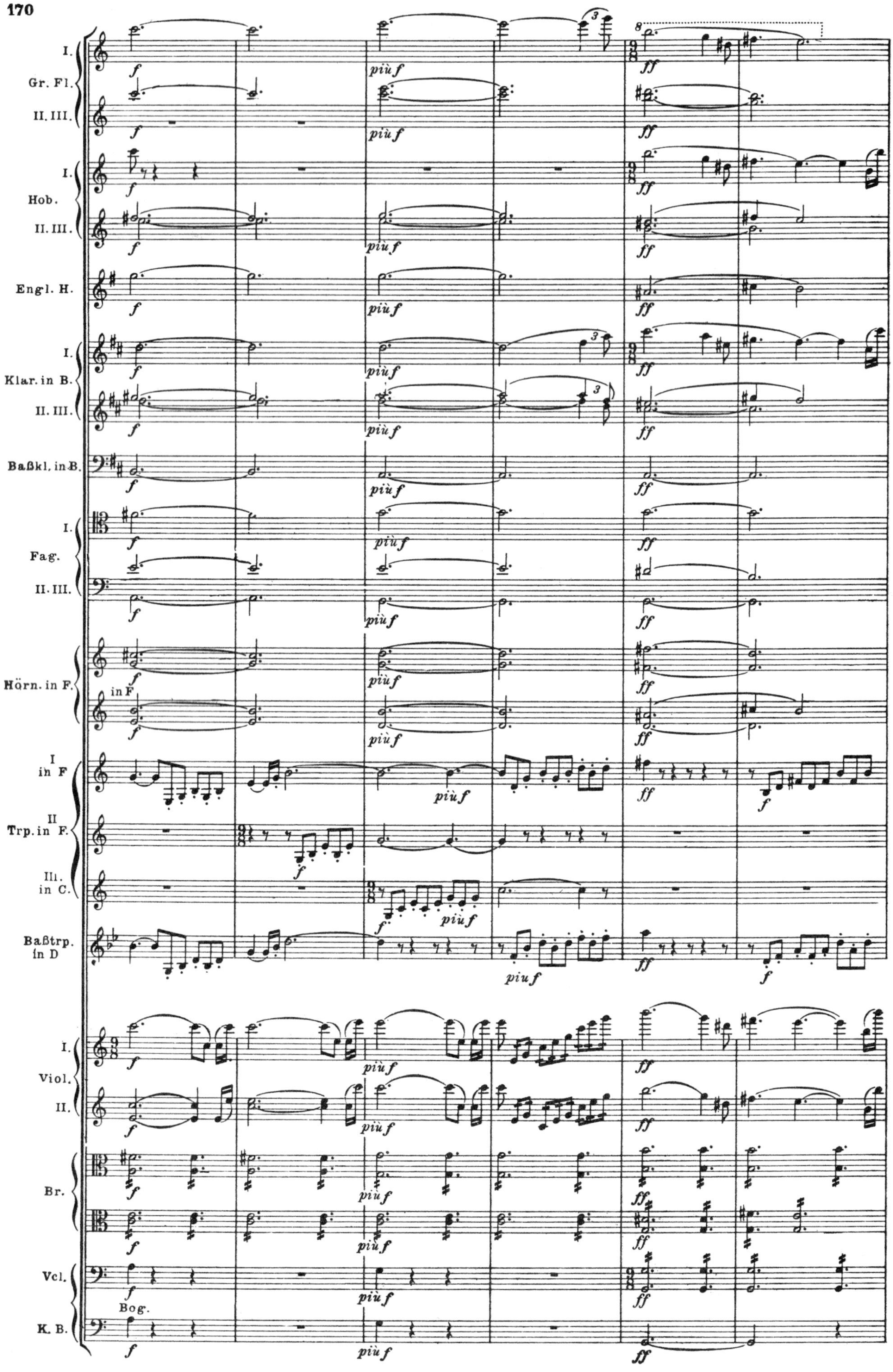

Der Vorhang geht auf. — Wildes Felsengebirg. Im Hintergrunde
zieht sich von untenher eine Schlucht herauf, die auf ein erhöh-
tes Felsjoch mündet; von diesem senkt sich der Boden dem Vordergrunde zu wieder abwärts.

Dasselbe Zeitmaß.

Wotan (kriegerisch gewaffnet mit dem
Speer; vor ihm Brünnhilde, als Walküre,
ebenfalls in voller Waffenrüstung).

Nun zäu-me dein Roß, rei-si-ge

Act 2 Sc.1

178

Act 2 Sc. 1

zu 2
I. II.
Gr. Fl.
III.
I. II.
Hob.
III.
Engl. H.
I. II.
Klar. in A.
III.
Baßkl. in A.
I. II.
Fag.
III.
Hörn. in E.
Trp. I. II. in E.
Baßtrp. in D.
Rühr-trommel.
più f
dim.
in G
Pk. I. in G. u. A.
I.
Viol.
II.
Br.
B.
ha!
ja
Ho jo-ho!
Vcl.
K.B.

(Brünnhilde verschwindet hinter der Gebirgshöhe zur Seite.)

(In einem mit zwei Widdern bespannten Wagen langt Fricka aus der
Schlucht auf dem Felsjoche an: dort hält sie rasch an und steigt aus.)

Dialog darf nie geschleppt werden, sondern muß fließend gehalten bleiben.

Ber - gen du dich birgst, der Gat - tin Blick zu ent - gehn,

ein - sam hier such ich dich auf, daß Hil - fe du mir ver-

hie - ßest.

Wotan.

Was Fri - cka küm-mert, kün-de sie frei.

O _____ was klag ich um E - he und Eid; da zu - erst du selbst sie ver-

Wech-sels Lust du ge - wän-nest, und höh - nend kränk-test mein Herz!

Trau - - - ern-den Sin - nes mußt ich's er - tra - gen, zogst du zur

trog - - ne laß auch zer-tre - - ten!

218

Heftig.

(Neue heftige Gebärde Wotans, dann Versinken in das Gefühl seiner Ohnmacht.)

- mund ver - fiel   mir   als Knecht!

Der dir als Her - ren hö - rig und ei - gen, ge-

hor - chen soll ihm dein e - wig Gemahl? Soll mich in Schmach der Nied - rig-ste schmä - hen, dem

Zweite Szene.

will?___ O gött - - li-che Not! Gräß - - li-che Schmach!

(alle zus.)

260

Zum E - - kel find ich e-wig nur mich in al-lem was ich er-wir - ke! Das and-

- - re, das ich er-seh - ne, das and - - re er-seh' ich nie: denn

rall.

Sel' - gen En - de säumt dann nicht!"—

Vom Nib-lung jüngst ver-nahm ich die Mähr, daß ein Weib der Zwerg be-wäl-tigt, deß

Act 2 Sc.2
276

lang dem Lie - - be-lo -sen;   doch der in Lieb' ich frei-te, den Freien   er-lang ich mir

Sohn! Was tief mich e - kelt, dir geb ich's zum Er - be: der

Gott - - heit nich - - ti-gen Glanz, zer - na - ge ihn gie - rig dein

285

Ver - za - - ge dein Mut, wenn je zer - malmend auf dich

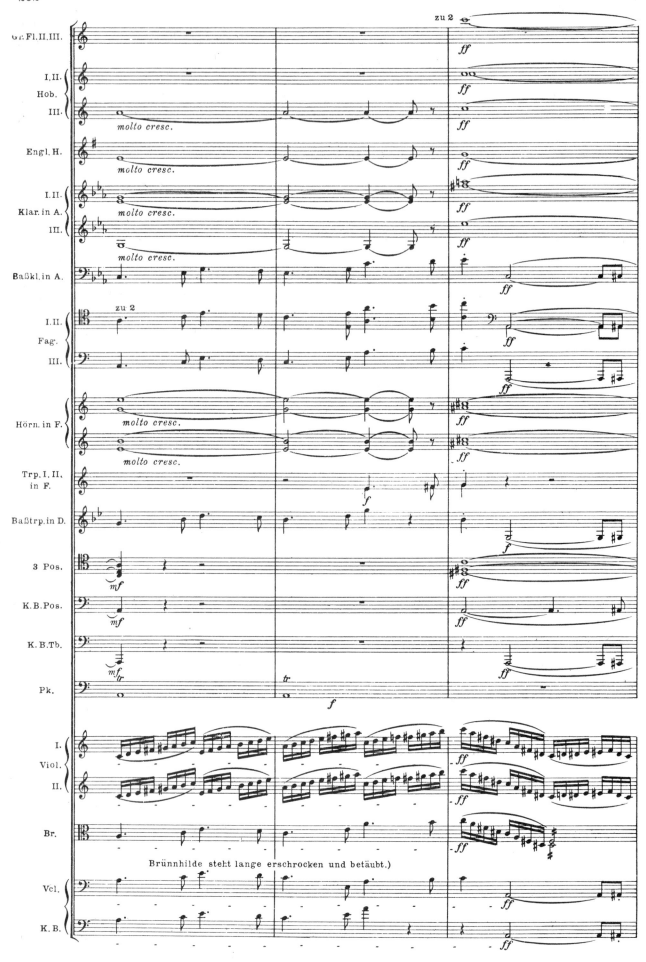

rallent.
Langsamer. (♩ = 𝅗𝅥)
3 Gr. Fl.
I. II. Hob. III.
Engl. H.
(sehr ausdrucksvoll)
dim.
zu 2
I. II. Klar. in A. III.
Baßkl. in A.
zu 2
I. II. Fag. III.
Hörn. in F.
3 Trp. in F.
Baßtrp. in D.
I. II. Pos. III.
K. B. Pos.
2 Ten. Tb. in Es.
2 Baß-Tb. in B.
K. B. Tb.
(mit Paukenschlägel)
Beck.
in D.
Pk.
rallent.
Langsamer. (♩ = 𝅗𝅥)
I. Viol. II.
Br
Vcl.
K. B.

B. **Immer leidenschaftlicher.**

(Siegmund und Sieglinde erscheinen auf dem Bergjoche.)

(Sieglinde schreitet hastig voraus; Siegmund sucht sie aufzuhalten.)

(Er hat sie unvermerkt nach-
dem Steinsitze geleitet.)

Sieglinde blickt ihm mit wachsendem Entzücken in die Augen; dann umschlingt sie lei-
denschaftlich seinen Hals, und verweilt so.)

molto ritenuto

molto ritenuto

(Dann fährt sie mit
jähem Schreck auf.)

Vierte Szene.

Sehr feierlich und gemessen

(Brünnhilde, ihr Roß am Zaume geleitend, tritt aus der Höhle, und schreitet langsam und feierlich nach vorn.)

(Sie hält an und betrachtet Siegmund von fern.)   (lange)   (Sie schreitet wieder langsam vor.)

334

Act 2 Sc. 4

348

350

Act 2 Sc. 4

Gr. Fl. I.
I.
Hob.
II.
Engl. H.
I.
Klar. in A.
II. III.
Fag. I. II.
I.
Hörn. in E.
III. IV.
I.
Viol.
II.
Br.
B.
Vcl. u. K. B.
I. (allein)
Brünnhilde (mit wachsender Ergriffenheit.)
Wäl - sung! Ra - sender! Hör meinen Rat: be - fiehl
ten.
cresc.
dim.
p (dolce)
(dolce)
B. zurückhaltend
mir dein Weib um des Pfan - des wil - len, das won - nig von dir es emp -

Die Bühne hat sich allmählich verfinstert;

und das erhöhte Bergjoch, nach und nach gänzlich ein.)

(Sie stürzt auf das Bergjoch zu: ein von rechts her über den Kämpfern ausbrechender heller Schein blendet sie aber plötzlich so heftig, daß sie, wie erblindet, zur Seite schwankt.)

In dem Lichtglanze erscheint Brünnhilde, über Siegmund schwebend, und diesen mit dem Schilde deckend. Als Siegmund soeben zu einem tödtlichen Streiche auf Hunding ausholt, bricht von links her ein glühend rötlicher Schein durch das Gewölk aus, in welchem Wotan erscheint, über Hunding stehend und seinen Speer Siegmund quer entgegenhaltend.)

(Brünnhilde weicht erschrocken vor
Wotan mit dem Schilde zurück:
Siegmunds Schwert zerspringt an
dem vorgehaltenen Speere.)

Wotan.

Zu-rück vor dem Speer! In Stü-cken das Schwert!

(Dem Unbewehrten stößt Hunding seinen Speer in die Brust.)

(Siegmund stürzt tot zu Boden.—Sieglinde,

von beiden Seiten der glänzende Schein verschwunden; dichte Finsternis ruht im Gewölk bis nach vorn: in ihm wird undeutlich Brünnhilde sichtbar, wie sie in jäher Hast sich Sieglinden zuwendet.)

Belebend.

Brünnhilde.

Zu Roß, daß ich dich ret - te!

(Sie hebt Sieglinde schnell zu sich auf ihr, der

(Alsbald zerteilt sich das Gewölk in der Mitte, so daß man deutlich Hunding gewahrt, der soeben seinen Speer dem gefallenen Siegmund aus der Brust gezogen. Wotan, von Gewölk umgeben, steht dahinter auf einem Felsen an seinen Speer gelehnt, und schmerzlich auf Siegmunds Leiche blickend.)

Ende des II. Aufzuges.

Dritter Aufzug.

Erste Szene.
(Die Walküren.)

B. *Den Rhythmus* ♩♪♩♪ *durchweg sehr scharf und deutlich betonen.*

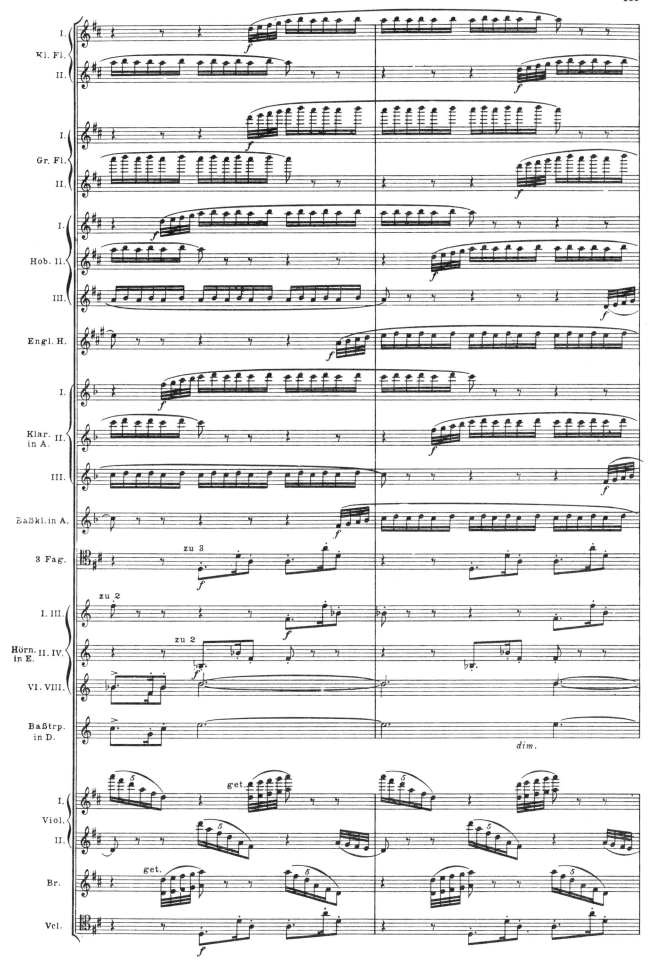

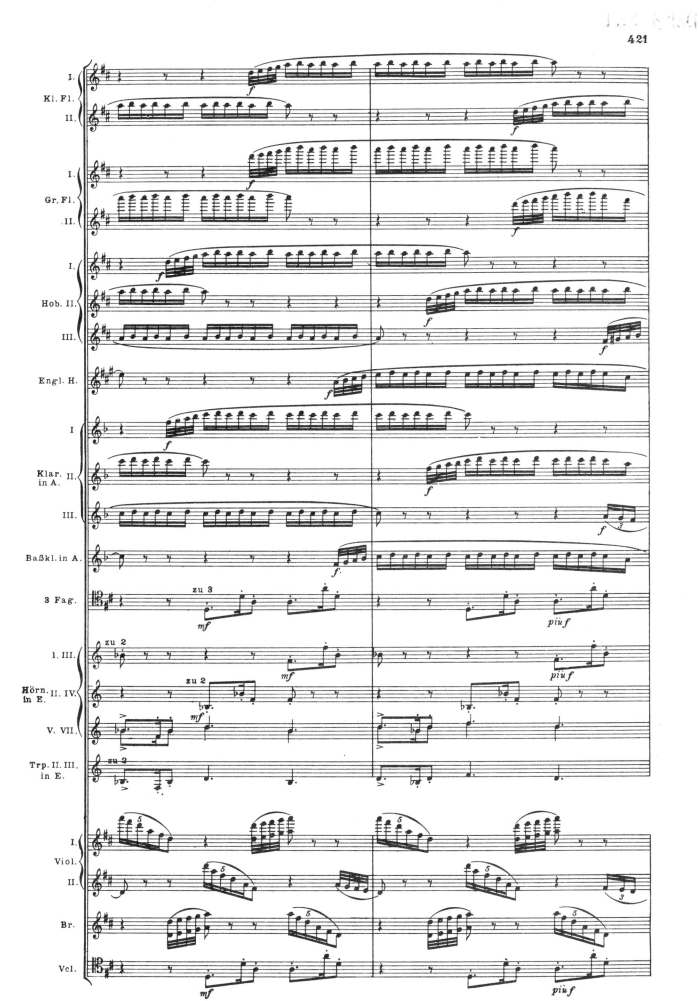

(Der Vorhang geht auf.)

(Auf dem Gipfel eines Felsberges. Rechts begrenzt ein
Tannenwald die Szene. Links der Eingang einer Felsen-

höhle: darüber steigt der Fels zu seiner höchsten Spitze auf. Nach hinten ist die Aussicht gänzlich frei; höhe-
re und niedere Felssteine bilden den Rand vor dem Abhange.— Eizelne Wolkenzüge jagen, wie vom Sturm ge-

trieben, am Felsensaume vorbei... Gerhilde, Ortlinde, Waltraute und Schwertleite haben sich auf der Fel-

senspitze, über der Höhle gelagert: sie sind
in voller Waffenrüstung.)

(Gerhilde, zu höchst gelagert, dem Hintergrunde zuru-
fend, von wo ein starkes Gewölk herzieht.)

(In dem Gewölk bricht Blitzesglanz aus: eine Walküre zu Roß wird in ihm sichtbar; über ihrem Sattel hängt ein

erschlagener Krieger.)

(Die Erscheinung zieht, immer näher, am Felsensaume von

Siegrunes Stimme (durch ein Sprachrohr) von der rechten Seite des Hintergrundes her.

Ar - - beit gab's!

I.
Kl. Fl.
II.
molto cresc.
più f
I.
Gr. Fl.
II.
molto cresc.
più cresc.
I.
Hob. II.
III.
molto cresc.
f
Engl. H.
molto cresc.
I.
Klar. in A. II.
III.
più cresc.
molto cresc.
f
Baßkl. in A.
molto cresc.
3 Fag.
zu 3
molto cresc.
I. III.
II. IV.
Hörn. in E.
V. VII.
VI. VIII.
molto cresc.
3 Trp. in E.
Baßtrp. in D.
ff
4 Pos.
ff
K. B. Tb.
ff
Rührtrom.
6 Harfen.
zu 6
ff
I.
Viol.
II.
Br.
Gerhilde (ebenso).
G.
Sie rei - ten zu zwei.
Wlt.
Roß - - wei - ße!
Vcl. u. K. B.
K. B. ff

(In einem blitz-erglänzenden Wolkenzuge, der von links her vorbeizieht, erscheinen Roßweiße und Grim-

(Helmwige, Ortlinde und Siegrune sind aus dem Tann getreten, und winken vom Felsen-Saume den An-
kommenden zu.)

I. Kl. Fl. II.
I. Gr. Fl. II.
I. Hob. II. III.
Engl. H.
I. Klar. in A. II. III.
Baßkl. in A.
I. Fag. II.
8 Hörn. in E.
I. Trp. in E. II. III.
II. allein
Baßtrp. in D.
4 Pos.
K. B. Tb.
I. P.
Pk.
Beck. u. Rührtrom.
molto cresc.
cresc.
I. Viol. II.
Br.
Roßweiße u. Grimgerde.
Hw. u. G.
Ha ha ha ha ha ha ha ha ha ha!
(aus dem Tann tretend.) Ho-jo to-ho!
Ortlinde (lachend).
Wlt. u. Sch.
ha!
Ha ha ha ha ha ha ha ha ha ha!
Siegrune (lachend).
Sgr.
Ha ha ha ha ha ha ha ha ha ha!
Vcl.
K. B.

532

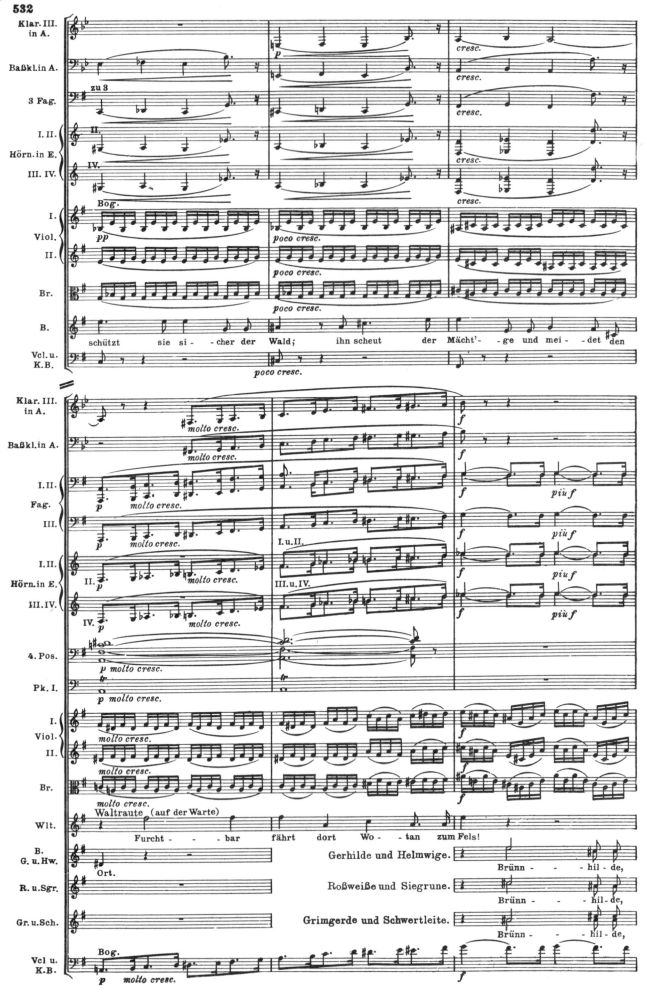

534

Zweite Szene.

584

li-che Blume ver-blüht der Maid; ein Gat - te ge-winnt ih-re weib - liche Gunst; dem herrischen

(Brünnhilde sinkt mit einem Schrei zu Boden; die Walküren weichen entsetzt mit heftigem Geräusch von ihrer Seite.)

Spottenden Ziel und Spiel.

Schreckt euch ihr Los? So flieht die Ver-lor - - ne!

Wei-chet von ihr und hal-tet euch fern! Wer von euch wag-te bei ihr zu wei-len, wer mir zum Trotz zu der

Felsenrande; man hört wildes Geräusch im Tann.)

(Ein greller Blitzesglanz bricht in dem
Gewölk aus; in ihm erblickt man die

Walküren mit verhängtem Zügel, in eine Schar zusammengedrängt, wild davonjagen.)

(Bald legt sich der Sturm; die Ge-
witterwolken verziehen sich allmäh-

lich. In der folgenden Szene bricht, bei endlich ruhigem Wetter, Abenddämmerung ein, der am Schlusse Nacht folgt.)

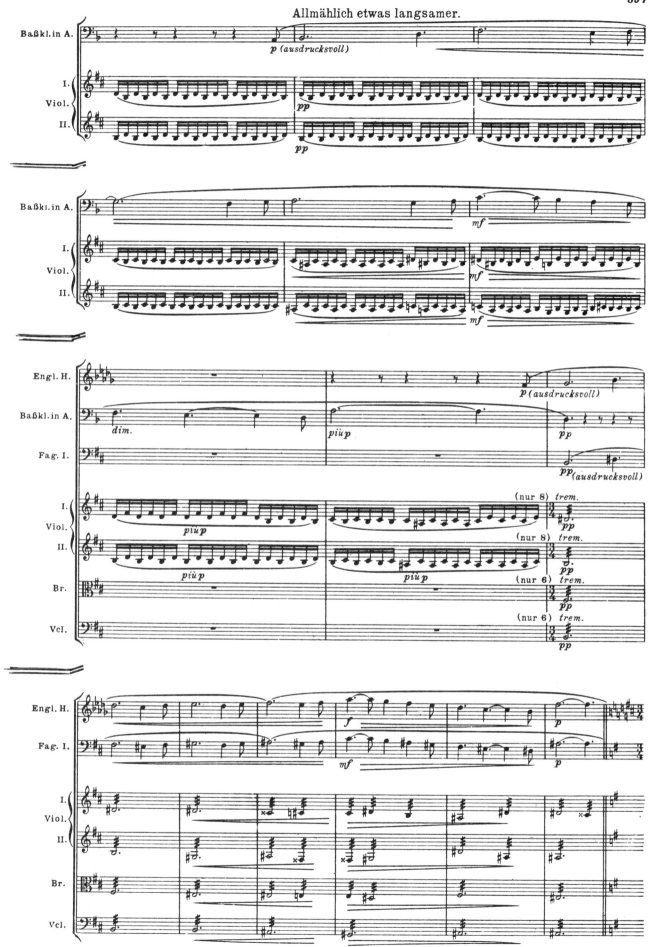

Allmählich etwas langsamer.

Dritte Szene.

Etwas langsam.

Etwas langsam.

(Wotan und Brünnhilde, die noch zu seinen Füßen hingestreckt liegt, sind allein zurückgeblieben. Langes feierliches Schweigen: unveränderte Stellung.)

(Sie beginnt

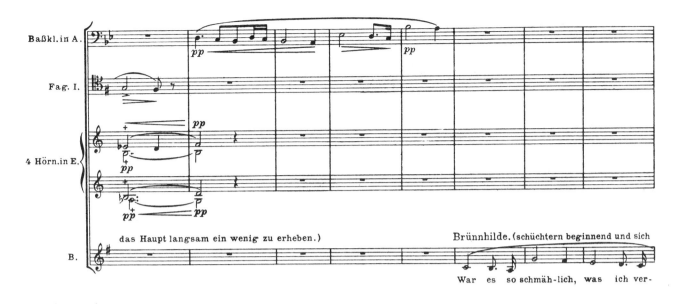

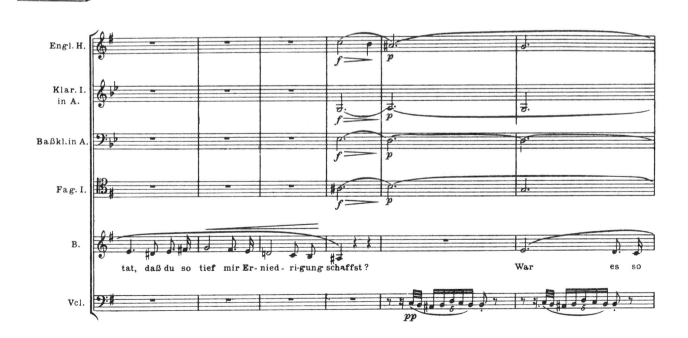

Schrecken, daß nur ein furcht-los frei-e-ster Held hier auf dem Fel-sen einst mich fänd!

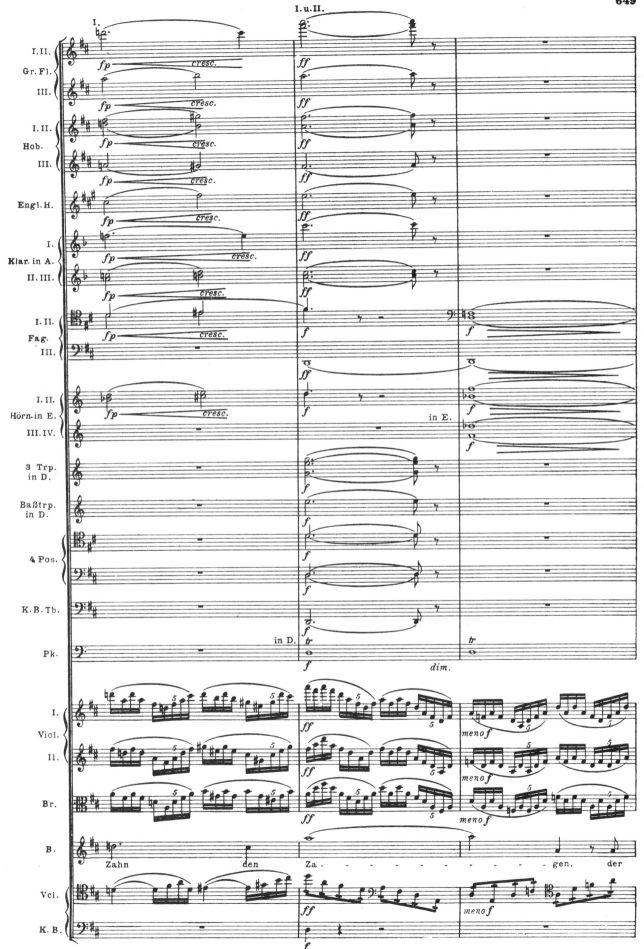

(Wotan, überwältigt und tief ergriffen, wendet sich lebhaft gegen Brünnhilde,

nahn!

erhebt sie von den Knien, und blickt ihr gerührt in das Auge.)

Leb wohl, du küh-nes, herr-liches Kind!

Etwas langsamer.

flie - - he Brünn - hil - des Fels! Denn ei - - ner nur frei - e die

(Brünnhilde sinkt gerührt und begeistert an Wotans Brust: er hält sie lange umfangen.)

zurück und blickt, immer noch ihn umfassend, feierlich ergriffen Wotan ins Auge.)

672

(Er betrachtet sie und schließt ihr den Helm: sein Auge weilt dann auf der Gestalt der Schlafenden, die er nun mit dem großen Stahlschilde der Walküre ganz zudeckt.)

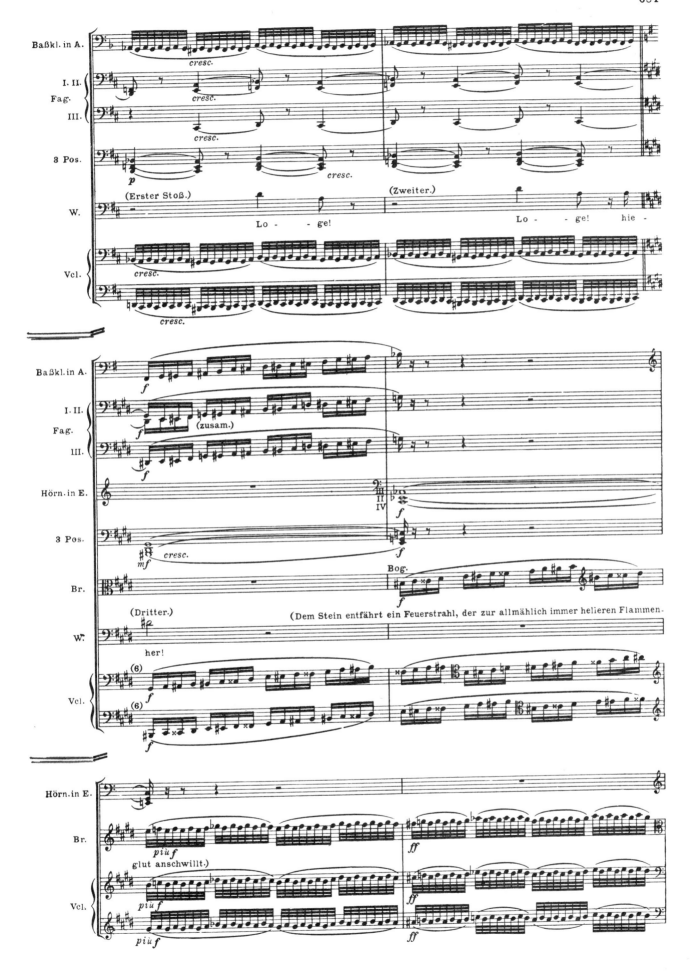

(Lichte Brunst umgibt Wotan mit wildem Flackern. Er weist mit dem Speere gebieterisch dem Feuermeere

Act 3 Sc. 3

I.
Gr. Fl.
II.
I.
Hob.
II. III.
Engl. H.
III. in D.
più cresc.
Klar.
I. II. in A.
Baßkl. in A.
3 Fag.
I. II.
Hörn. in E.
III. IV.
zu 3
3 Trp. in E.
più f
zu 4
4 Pos.
più f
K.B. Tb.
più f
Harfe
I. II. III.
Harfe
IV. V. VI.
Viol. I.
Viol. II.
pizz.
Br.
più f
pizz.
Vcl. u.
K.B.
più f

698

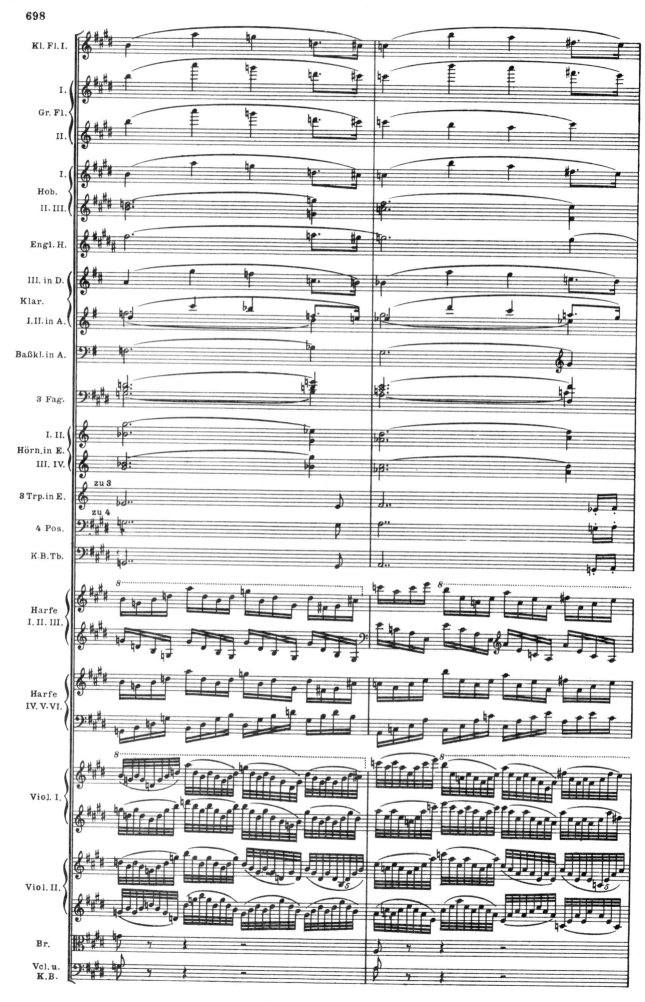

(Er wendet sich nochmals mit dem Haupte und blickt zurück.)

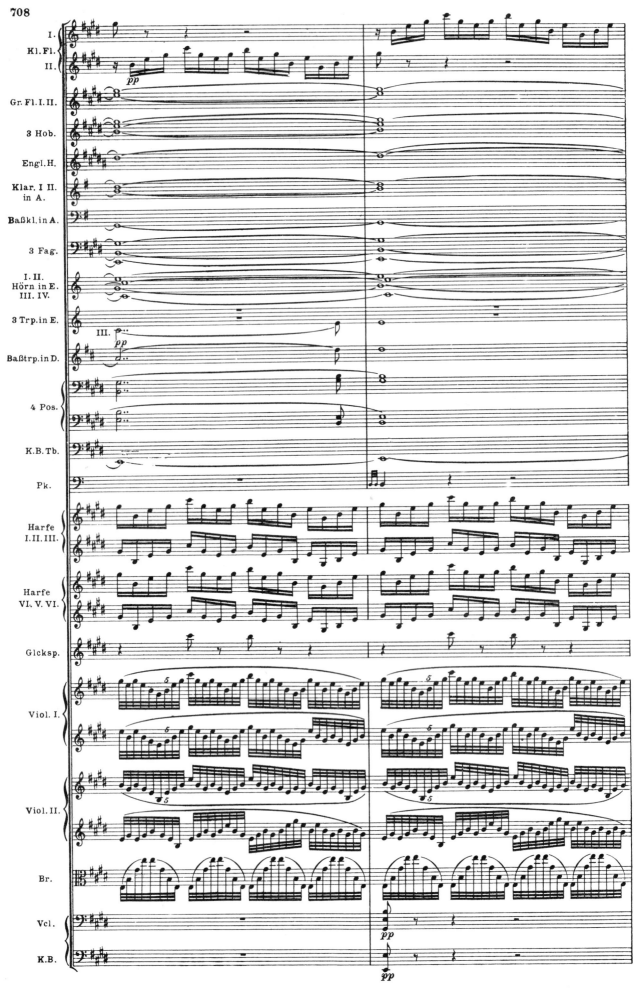

(Der Vorhang fällt.)

Ende.